## KARIM AÏT-ADJEDJOU

**Karim ait-adjedjou** voyage dans les mots comme dans les rêves. Il y découvre la sensation d'exister de vivre. Écrire est un paradoxe vital. Né en 1965 en Algérie, après avoir cherché une identité, il choisit la photographie et l'écriture comme lieu de vie et a édité **ALGERIE MON AMOUR,** un premier recueil de photographies et de textes sur son pays d'origine.

# L'HORIZON SOLITUDE

Un livre de Karim Aït-Adjedjou

Mentions légales :

Auteur : Karim AÏT-ADJEDJOU
Maquette : Romain LISETTO
Éditeur : BoD-Books on Demand, 12/14 rond point des Champs Élysées, 75008 Paris, France
Impression : BoD-Books on Demand, Norderstedt, Allemagne
ISBN : 978-2-322-03847-3
Dépôt légal : Octobre 2015

A mes enfants pour leurs existences… A ma femme pour sa douce force de vivre à mes cotés...

A la vie pour sa tendresse à mon égard …

## LA SOLITUDE

Comme une virgule
Abandonnée
Entre les mots d'un poète fatigué
La solitude
Griffe le velours
Des évidences

Pinacle d'une insomnie
Trop longue
Lancinante mélancolie
Harassante
Pollue
Le ciel des vérités

Personne
Ni ici
Ni au bout du monde
Elle seule
Dans l'azur
Nuageuse amante
Criante
Discrète d'un dieu

La sporadique parenthèse
Des joies partagées

Oubliées
Par les maux de cette étincelante
Silencieuse
Si forte
Ressac du temps

Sous les flots des souvenirs
La silhouette
En filigrane
De cette belle ennemie
Dessine
Le tableau de la vieillesse
Hiéroglyphe fragile
Des instants évanouis

Au cœur des cœurs
Epuisés
Comme les teintes
D'un crépuscule magnifié
Par le chant des agonisants
Elle parfume
Les murmures inaudibles
Du regret
Immuable déesse
Insolente

Délicatement
Avec l'assurance de l'éternelle
Quiétude
Caresse les épidermes
Apeurés
Asséchés
Sereine dépositaire
Des derniers
Saisissements

Dans les pourquoi
Gris
Des années égarées
Elle est la réponse
Aux mots
Sans bruit
Sans sens
Ereintante
Etouffante

Accompagnatrice
Des vieux si jeunes
Déjà morts

Prudents à en mourir
Belle guide
D'un musée des vies
Gâchées
Ratées
Malicieuse témoin
Des séparations
Des finitudes

Devant l'inexorable
Et sous la pluie acide
Des remords
Elle danse
Les mauvais oui
Les non pas dits
Elle glace les dernières chaleurs
Miroir sans pitié

Quand il se fait tard
Sous les ponts des oublis
Esméralda des nuits sans lune
Elle rit aux éclats
Dans les reflets des aigreurs

Faucheuse argentée
Des illusions ultimes

Définitifs

Dernier ..... Définitifs ....

# LE BISTROT DES HIER

Le verre de trop
Sur le zinc des remords
C'est l'ivresse des dépits
A la guinguette de la tristesse

Cette tablée disparue
Dans le cadre désuet de ce cliché sépia
Irritation désarmante et cruelle
Des destins bus à grande vie

Il est beau, vieux et vide
Il est grand, silencieux, et loin
C'est le bistrot des hier

Cette fille de joie aux cent rires
Sur la barque des agapes scintillantes
Comme l'image d'un bonheur enfoui
Dans les caves des amitiés inoubliables

Le cliché éteint des couples en joies
Et les sièges éventrés des banquettes bleues
Comme témoins des plaisirs en promesse
Ruines des années aux allégresses simples

Il est beau, vieux et vide
Il est grand, silencieux, et loin
C'est le bistrot des hier

Les mots doux effacés
Dans les oreilles sourdes du temps
Délicieux vertige d'un perdu de la vie
Dans la jungle de la normalité

Dans ce théâtre des oubliés
Les acteurs vieillissants tremblent
Emois intimes d'une vie en partance
Souffrance ultime d'une ardeur fatiguée
Il est beau, vieux et vide
Il est grand, silencieux, et loin
C'est le bistrot des hier

Quand le soleil des amitiés durables
Brille sur le désert d'une vieillesse esseulée
Et que dans les habits des enchantements d'antan
Les voix de la sagesse d'aujourd'hui éclairent la nuit

Dans l'aube givrée la voiture grise s'avance
Face au bar les larmes coulent comme des pressions
L'ultime addition de la dernière tournée inachevée
Le canon de la fin pour la volupté des hier en or.

Il est beau, vieux et vide
Il grand, silencieux, et loin
C'est le bistrot des hier.

# DEUX HOMMES

Un café au bout des rues sans fin
Une ville sans visage
Dans le ciel, le gris du temps perdu

Sous l'automne les tristesses laconiques
Blessures à vifs
Insondables douleurs

Ils sont deux
Il est déjà si vieux
Il est encore silencieux

Au loin un homme attend
Encore et toujours
Rendez-vous si souvent reportés

Cigarette de la peine à la bouche
Rictus de la crainte
Et visage clos

Mentir jusqu'au bout des silences
Comédie des échappatoires nuisibles
Coma d'un lien

Un vent tenacement froid
Les silences d'un matin plaie
Sang des doutes

Ils sont deux
Il est déjà si vieux
Il est encore silencieux

Sur l'autre trottoir des incertitudes
Un autre homme se perd sans bouger
Comme un spectre en errance
Des prunelles qui se guettent
Sous le poids de leurs aveuglements
La piqûre des regrets
Gelure d'un sentiment

Ils sont deux
Il est déjà si vieux
Il est encore silencieux
Le petit ruisseau d'une parole vite jetée
Noyade dans le fleuve d'un pardon acide
Et maintenant deux frayeurs
Hurlant dans l'hiver d'un clan
Les immobiles hésitations

L'un après l'autre
Silencieux comme l'automne
Fragiles danseurs de l'existence
Ils s'installent

Ils sont deux
Il est déjà si vieux
Il est encore silencieux

Il commande une bière
L'autre est plutôt café
Dans ce bistrot aux murs vieillots

Ils sont les coquelicots noirs
Des peurs sans limites

La petite table semble immense
Entre eux les gouffres d'une vie
Les silences de leurs yeux
Les non-dits de leurs bouches

L'un regarde un peu partout
L'autre fixe sa tasse avec densité
Pour eux le plus long pont à traverser
Sur eux les sombres tempêtes
Les amertumes givrées des incompréhensions
Autour d'eux les bruits de ce lieu aux mille vies

Ils sont deux
Il est déjà si vieux
Il est encore silencieux

Dans les reflets du verre les visages du regret
Sur le cercle du noir breuvage
Les blessures des âges perdus
Le temps les a coincés
Menottés aux barreaux de la mélancolie
Jetés dans les caves de l'existence

Leurs mains s'évitent avec douceur
Leurs sourires se meurent en émois
Ils semblent loin
Si proches pourtant

Ils sont deux
Il est déjà si vieux
Il est encore silencieux

Aux bouts de leurs pourquoi
De leurs comment

Des qui et quoi
Sur l'addition des doutes
Les questions qui mouillent
Ces années sauvages
Egarées dans les labyrinthes sans réponses

Déjà ils se livrent
Encore, ils se quittent
Surtout, ils se ratent
Les veines tendues
Les cœurs criards
Les bras ballants

Dehors la pluie fine tombe
Lacrymale humidité d'un ciel gris
Gouttes du malheur
Après l'orage des rancœurs

Ils sont deux
Il est déjà si vieux
Il est encore silencieux
Ils sont
Père et fils

## LA MAGIQUE

Eblouissement d'une Seine
Foudre d'un œil éteint
Eclat des nuits étoilées
Jour d'or

Ephémère essoufflement
D'une passion dantesque
Ouverture du toit d'un nouveau monde
Instants féeriques

Mélodies symphoniques
Sur les déserts frémissants d'un homme
Sourd et muet
Joies aux milliards de façades

Déesse à la terrestre prunelle
Peintre d'une toile vierge
A la sensualité en panne
Sexes en évasion

Royaume inaccessible
Couleurs d'amour
Rumeur enivrante
Pour le poète en perdition
Paroles d'amants

Présent inattendu d'une nativité démentielle
Marianne argentée
D'un révolté du monde
Liberté acquise sous les râles de jouissance
Beauté sur seins

Maîtresse titanesque aux maux rares
Regards voluptueux
Caresse sacrée sur l'épiderme rocailleux
D'un affamé enchaîné
Evanouissement mystérieux pour des bienfaits millénaires
Source d'évidence

Souveraine à la robe prophétique
Haillon du bonheur pour un mendiant de la vie
Carapace de douceurs
Tendre baiser

Génitrice universelle d'un ange
A la poétique beauté
Matrice précieuse des filiations en devenir
D'un esseulé à l'identité flouée
Belle femme
La magique d'un sourire
Vital

# LE SOUFFLE DES CŒURS VIDES

Les fleurs à coté de la porte  depuis longtemps fanées
Le silence bruyant d'une passion en disgrâce
Pourtant les lumières des êtres aimés
Eblouissent les nuits d'un automne banal.

Les yeux divagants d'un homme aux vingt ans dissipés
Et les erreurs vénéneuses d'une déchirure saillante
Dans un espace aux cloisons de vents froids
Le rire d'une médisante amère chante les mépris.

La solitaire quête de l'imprévisible rémission de tendresse
Pour endiguer les raz de mort des sentiments fuyants
Et voir s'enfuir les icônes sans relief des euphories éteintes
Sans pouvoir retenir les émois merveilleux d'une ardeur irréelle

Abattage d'une forêt aux débauches d'une piété charnelle
Décor exubérant des épanchements sans coût  de deux chaires étincelantes
Le bleu des yeux sans fard des jouissances aux fragments furieux
Recouvre les terres désertiques d'une séparation à petits mots.

Des fusils aux canons d'indifférence tirent les boulets gris de la lassitude
Sur les victimes ingénues d'un conflit aux allures cathodiques
Détruisant  à outrance les résidus d'une perfection follement divine
Et enterrant sous le terreau de la vieillesse les étonnements inassouvis

Danse démodée d'une époque aliénée à des rythmes inaudibles
Sous les projecteurs des regrets inaltérables d'une relation piégée
Retraite misérabiliste pour un couple aux cotisations déficientes
Et aux mœurs erratiques dans les méandres d'une histoire fade.

Les essoufflements pitoyables des émois moribonds d'un penchant
Comme le rationnement arbitraire d'une sexualité insoumise
Pour des sentiments aux variations saisonnièrement incessantes
Dans les soubresauts cadavériques d'une larmoyante agitation


Accident routinier sur les chemins hasardeux des extases introuvables
Blessure profonde d'un palpitant aux artères défaillantes
La noirceur déchaînée des mots méprisamment insultants
Pour éteindre les ultimes petites embellies de la tendresse.

Amertumes des soirées à la déprimante solitude
Et les tristesses de ces aubes asphyxiantes des muettes réalités
Sous les océans des flétrissures douteusement comateuses
Les récifs vertigineux des existences en errances somatiques.

Les sommeils sans bruits dans les lits froids des renoncements puants
Symphonie silencieuse pour des impuissants face aux finitudes acquises
Les paroles perfides des ultimes joutes aux goûts dégoûtants
Des moisissures noirâtres sur les bijoux des épris chatoyants

Le souffle des cœurs vides
…… Le vent des peines acides
………. La fin d'une histoire …… de cœur.

# UNE FEMME

Dans les flocons imaginaires de mes tendresses
Je vois sa jolie frimousse
Rire en coin
Prête à tous les assauts interdits

Sous la mer chaude de mes rêveries
J'aperçois son si beau minois
Eclat en cours
Décidé à tous les vertiges

Pour le bonheur des enfants
J'entends sa si douce voix
Conte en bouche
Passionnée par toutes les histoires

Comme la déesse de mon univers unique
J'aime tes yeux couleur de la terre
Bijoux en étoile
Désireuse sous tous mes soupirs

Avec les perles de mes fièvres
Je mouille son si bon corps
Râle en l'air
Déchaînée pour tous les émois

Sous nos musiques intimes
Les déhanchements des ses voluptés
Horizon d'or pour mes yeux éblouis

Les nuages de mes cieux
Dessinent ses joies étincelantes
Sous la tempête de désirs
Les douces luttes

Le vent de ses mots
Comme souffle de vie
Pour mes nuits noires
Quand au bout de son ventre
Je perçois le cœur de la vérité
Mes larmes chantent l'Orient

A la source de sa rivière fantastique
Je bois comme un assoiffé du monde
Jusqu'au bout des océans d'étoiles

Bateau volant par-delà les rêves
Aux voiles argentées
Elle me guide dans les nuages de l'imaginaire

Parfois oiseau de fleur
Elle me chante la folie de la réalité
Alors je m'évade dans les murs de ses mots

Quand au loin elle parait
Le soleil s'éclipse lentement
Alors je me brûle à ses rayons d'aimer

Aigle sublime de mes fantasmes envoûtés
Myriade chatoyante dans ma voûte céleste
Déesse de mes mythologies intérieures

Femme je te ressens

# MENSONGE

Mentir jusqu'à en souffrir
Cacher dans les mots la peur des autres
Grotte humide des effrois
D'un gamin à la bouche tremblante

Satyre dangereux d'une conscience malsaine
Dans les errements diaboliques d'un faible
Contes immoraux pour des sexes ingénus
Récits affabulatoires d'une pensée en souffrance.

Mensonge, fleuve des envies
Mensonge, saigne les vies

Banque de nos trésors illusoires
Cachette secrète de nos désirs intimes
Sperme vital des voleurs d'espérance
Larmes glacées des sincérités d'un cœur

Compagne d'un démon inquiétant
Empereur sans partage du pays aux mirages
Prison transparente de l'agonie quotidienne
D'un promeneur aux rêveries schizophréniques

Mensonge, fleuve des envies
Mensonge, saigne les vies

Ultime refuge d'une perdition programmée
Lâcheté d'une tendresse aux mille peines
Terrifiante déviance des matins difficiles
Démiurge satanique à la langue de cyanure

Étreintes asphyxiantes de la réalité crue
Pour les croyances d'un songeur d'art
Exil hivernal d'un immigre de la vie
Comme la mise en bière d'un solitaire repli

Mensonge, fleuve des envies
Mensonge, saigne les vies

Alibi malfaisant d'un rejeton en peine
Crime sans mobile d'un assassin en flamme
Homicide volontaire d'une existence irréelle
Blessure à vif d'une jeunesse bousillée

Poudre meurtrière des explosions impérissables
Munitions féroces d'une arme silencieuse
Arme de destruction intime d'un homme en fuite
Comme la dernière déchirure d'un poignard impitoyable.

Mensonge, fleuve des envies
Mensonge, saigne les vies

Inconsistance d'un sordide aux yeux éteints
Invraisemblance des mots infectieux
Pour le chimérique d'une lutte sans cause
Voyage sans frontière d'un navire fragile

Festin du dernier jour d'un condamné à la réalité capitale
Arrogance des cruautés pourries d'une maîtresse inexorable
Etincellement d'une tristesse sans éclats
Sourire cadavérique d'un mort en sursis.

Mensonge, fleuve des envies
Mensonge, saigne les vies

# ATTENDRE

Attendre
Dans les corridors glacés
D'une fermeture
Des mots en résonance
Sous les océans de peur
Les chemins hasardeux
Aux corbillards
Vieillots
Manège menaçant
Pluie acide
Et geleur d'un esprit
En déroute
Argent d'une lassitude
Kérosène
D'un avion rouillé

Attendre
Encore et pas assez
Toujours et aussi moins
Rien
Déjà tout est fini
Demain d'une noirceur
Courte
Cauchemar virtuel
Perdition en cascade

Trésors
Volés
Brigands d'une vie
Etoilée

Attendre
Pour si peu et nulle part
Comme personne sous ivresse
Qui
Quoi
Les restes d'une rencontre
Vestiges d'un festin érotique
Vertigineux matin
Pâle
Hiver rigoureux
Orage sur la tristesse
Mélancolie
Temps sans aiguille
Souffle
Coupure d'eau de vie

Attendre
Pour son sort mais en rire
Dans son corps sous sa loi
Perdu
Les rues d'une tendresse évanouie
Les cris sourds
Une sœur de souffrance
Les heures
Les minutes
Les secondes
Horloge aux yeux
Palpitation
Regrets et remords

Attendre
Ecoute et écoulement

Ronronnements et sifflements
Suer à en bouffer le soleil
Rencontre d'un destin
Des bancs
Humidité d'un regard
Fragilité des ébats
Naufrage
Sur les récifs invisibles
D'une autorité
Autiste

Attendre
Caresse et souffles court
Gestes sur les peaux de velours
Le premier verre
D'une maîtresse scintillante
Silence
Abondance des cachots noirs
Repentis d'une traîtrise
Sous les vents
Puanteurs vertes kaki
Munitions d'un siècle corruptible
Durée
Réponse
Duretés des visages blêmes
Sous les doigts des défunts
Vagues de haine
Rouge
Noire
Millénaire

# ECLAT

Eclats d'une lumière sans halo
Brouillard sur une liaison sans hasard
Nuage dans les regards de deux êtres en cachot

    Eclats de vie
    Eclats de survie
    Eclats sous vide

Eclats d'une mer sans ressac
Froideur d'un sexe en coma
Brillance surhumaine d'une vie dans le sec

    Eclats de vie
    Eclats de survie
    Eclats sous vide

Eclats d'un barman beau d'être joyeux
Hantise d'une obsession en plein délire
Mortelle lourdeur d'un alcoolique pouilleux

    Eclats de vie
    Eclats de survie
    Eclats sous vide

Eclats d'un printemps nocif

Mise à mort d'un rêve radieux
Naufrage d'une passion sur d'amers récifs

Eclats de vie
Eclats de survie
Eclats sous vide

Eclats d'une famille brisée
Ravalement triste d'une façade fissurée
Faillite irrémédiable d'une vie décimée

Eclats de vie
Eclats de survie
Eclats sous vide

# IL FAUT DEJA

Il faut déjà
Se démettre d'un drap enjoué
Dans une cité de voleurs
Se permettre une folie d'un bonheur
Pour un si petit quart d'heure

Il faut déjà
Se soumettre à corps fragile
Dans un lit de tulipe
Se renaître d'une mort facile
Par une matinée si câline

Il faut déjà
Se paraître d'oublier un rêve de gosse
Sous un nuage bien trop véloce
Se soustraire à un vœu pieu
Sous le charme d'un petit vieux

Il faut déjà
Se remettre d'un rire complice
Par les yeux d'une jeune actrice
Se plaire dans une nature factice
Dans un pays aux joies si tristes
Il faut déjà être plus loin
Il faut déjà voir moins bien

Il faut déjà croire en rien
Il faut déjà mourir en chien.

# LA VIE

Dans un vide morbide
Comme un bateau en gâteau
Tu as un roi en toi
Avec un sexe en latex

Avec un sax dans les textes
Avec des maux en lots

L'amour, l'amour, pourquoi ?

Dans une maison sans raison
Pour une liaison aux mille façons
Tu as un soleil qui s'émerveille
Comme le vent si lent
Des rosées fraîches

La mort, la mort, la mort pourquoi ?

Dans un lit sans nid
Sous une heure en leurre
Tu as une reine en laine
Tendresse en maîtresse
Sur les caresses en paresse
Et les tigresses qui agressent

L'amie, l'amie, l'amie pourquoi ?

Pour une pensée en flèche
Et une joie en loi
Sur un corps sans remords
Qui chute
Sur les farouches qui se touchent

La vie, la vie, la vie, parce que.

# LE REVE D'UN SONGEUR ASSIS SUR UNE MARCHE

Il rêve d'une amie infinie
De son corps intime
Et de cette gamine
Qui l'enlace de ses bras tendres et doux

Il rêve dans un petit jardin
De ces instants partis
Sur les saluts vite dits
Qui le réchauffe de leurs souvenirs si clairs

Il rêve d'un oiseau roi
Dans ce pays sans loi
Sous ces nuages blancs
D'un sourire chaud et délicieux

Il rêve de cet amour nu
Aux mots fous
D'un bébé loup
Qui lui ressemble dans sa forêt vierge et sauvage

Il rêve de ce visage connu
Aux désirs voulus
Dans cette lettre reçue
Qui le ramène vers une île accueillante et aimante

Il rêve de cette parole donnée
Dans cette passion cachée
De l'idylle tant annoncée
Qui se trouve dans les brouillards épais et voluptueux

Il ne rêve que toi
Tu rêves que lui

Lui, toi, rêves des fêtes de joie

## LES ESSEULES

Sur cette grande rue aux insectes bruyants
Les pas des seuls sans âmes
Inscrivent dans les réverbères jaunâtres
Le temps des villes aux dames lunaires

Un homme aux cheveux rares
Une femme à l'âge sans temps
Les regrets qui se lamentent dans les Abymes de ces deux cœurs
Pareils aux échos de ces si vieux printemps

Les esseulés des avenues sans fin
Ont les visages des vies sans rien
Les esseulés des avenues si loin
Sont les lumières des chiens

Dans la vitesse des cités sans arrêts
On cherche encore l'encre des instants joyeux
Mais les ordres des machines aux rêves barrés
Polluent de fric les amants des lits soyeux

L'homme à la démarche hors du temps
La femme aux regards vidés des bijoux du sourire
Des existences à la marge des royaumes artificiels
Les désirs cachés au soleil des matins de rubis

Les esseulés des avenues sans fin
Ont les visages des vies sans rien
Les esseulés des avenues si loin
Sont les lumières des chiens

Pour les déracinés de l'histoire libérale
Les vestiges des tendres et douces jeunesses
Restent les présents insupportables
Des orages de sang des tempêtes des destins

L'homme assis sur les marches des années oubliées
La femme qui porte les lourds paniers d'une famille dispersée
Les derniers courages pour unique espoir
Et les ultimes paroles perdues dans les silences des escaliers de fer

Les esseulés des avenues sans fin
Ont les visages des vies sans rien
Les esseulés des avenues si loin
Sont les lumières des chiens

Les foules des inconnus au bien-être partagé
Courent sans un œil pour ces seuls à l'existence muette
Vers les inconforts des lucarnes violeuses
Comme pour camoufler les égoïsmes barbares

L'homme à la mort sans son
La femme à la folie gênante
Les solitudes des êtres perdus dans les indifférences haineuses
Des meublés pour l'avant-goût des fosses communes
La chambre triste d'un mouroir pratique

Les esseulés des avenues sans fin
Ont les visages des vies sans rien
Les esseulés des avenues si loin
Sont les lumières des chiens

# LE BRUIT D'UNE MONTRE CASSEE

Une brise chaude
Sous les prunelles mi-closes
Une damnation singulière
Rien
Les néants qui tuent

Un épiderme qui s'enflamme
Torche volontaire
Ascension des monts imaginaires
A chaque pas une larme
Dans les soupirs le souffle ultime
Furie fantomatique

Danse avec les questions
Frénésie insomniaque
Regrets atomiques
Sur la tombe abandonnée
Les mains fatiguées
Et un cœur en lutte

Partout
Obsessionnelle hantise
Dans les jardins du temps
Les rosiers noirs du trépas
Comme d'habitude ici on meurt

Au loin les fêtes étrangères
Solitaire tempête

Longtemps
Les virgules des existences
Années sous verres
Dans la nuit profonde
Même les vautours ont peur
Adieu musiques de joies
Place au seigneur du temps sans montre


Camarades des finitudes
Copains des balades post-mortem
Imperceptible décrochage
Les néons des médisances s'éteignent inexorablement
Vendanges tardives sur les coteaux des destructions
Retour sur les couleurs des sourires si vite envolés
Myriade étincelante
Arc en vie sur une mémoire saturée
Tant de voyages inutiles
Les mépris d'insouciance
Aujourd'hui le bilan au goût si acide

# TES MOTS

Leur souffle qui réchauffe
Jusqu'au bout de l'hiver
Mon cœur

Leur intonation d'allégresse
La force de leur lumière

Leur écho qui t'annonce
Avec éclat

Sans silence
Ils sont mon soleil
Mon existence

Tes mots comme mes rêves
Tes mots si beaux

Les fleurs de tes choix
Leur absence cruelle

Leurs caresses qui sifflent
Le murmure de tes joies

Leur force qui brûle
Mes errances infimes

Leurs accents de jouissance
Concerto de ton corps
En ébullition

Leur joie chante ton rire
Aux fragrances d'envie

Tes mots comme une berceuse
Tes mots si doux


Leurs chuchotements chaleureux
Enchantent les rêves enfantins

Leurs exigences intimes
Tendrement miens

Soupirs de tes évanouissements

Tes mots
Leurs couleurs uniques
Jardin de tes secrets inavouables

Tes mots
Si chauds
Au-delà de tout

Tes mots
Un coin de toi
Refuge de mes chagrins

Tes mots
Tes plus beaux cadeaux
Frontière de mes songes
Pays de mes évasions

Tes mots
Précieux
Capricieux
Chatoyants

Uniques ......... tes mots.

# UNE SAISON

Les rires et les alizés
Chaleur des notes de la vie
Si près du beau
Partout
Les fleurs aux désirs
Les mots en paix

Les chants des éclats
Hymnes des êtres gais
Sous le sable
Dans les vagues
Au loin le bleu
Des yeux en fêtes

Le temps sans soucis
Etincelante timidité
Des printemps aux projets sans fin
Surtout
L'aube de tous les possibles
La liberté des rêveries

Un sommeil en vie
Mélodie des lendemains
Navire sans attache
Tendresse infinie

Douceur intime

Une plage unique
Refuge des étés éblouissants
Soirées sans fin
Magiques musiques
Touchants bonheurs

Le soleil des parents
Le vent des amours naissants
Insouciance
Les jours précieux
Les goûts exquis

Une saison

Sans raison

Aux passions

Sans prison

Aux songes d'enfance

# LE SOIR

Dans les remous d'une histoire
Banale
L'étroitesse des ailleurs
Transparents

Les tonnerres de l'incertaine
Habitude
Jusque dans les surdités
Intimes

Le soir
Sans arrêt
Le soir
Toujours

Les frissonnements inconnus d'une anxiété
Évidente
Comme la justesse d'une déficience
Immense

Sur le chemin d'une conclusion
Inéluctable
Les pourquoi nuisiblement
Irréfutables

Le soir
Sans arrêt
Le soir
Toujours

La sinueuse réalité
Cruelle
Sous les mots sans saveur
Et inaudibles

Le navire des moments
Échoués
Sur les récifs d'une défaite
Vertigineuse

Le soir
Sans arrêt
Le soir
Toujours

Le périple aux paysages
Décolorés
Le déclin des saisissements
En finitude

Les naguère déjà
Si vieux
Lunaire aperçu d'une aurore
Froide

Le soir
Sans arrêt
Le soir
Toujours

Si loin les mille souffles
Brûlants

Emprisonnée la séduisante
Aspiration

Désormais les besoins
Si vitaux
A l'horizon l'essentiel
Austère

Le soir
Sans arrêt
Le soir
Toujours

Dans la rareté d'un rêve
Sans réveil
Les souffrances
Insoutenables

Silencieuse nuitée
D'un palpitant de la passion
Devenu sourd
Et muet
Eteint

Le soir
Sans arrêt
Le soir
Toujours

Une lunaire angoisse
Face à face
Avec l'inquiétude
Sans faille
Sans fuite

Erratique
Fusion en peine
Evasion en échec

Dans les labyrinthes
Des futurs gâchés
Le silence
Toujours

Ultime
Réponse au néant

Le soir
Sans arrêt
Le soir
Toujours

# PERDITION

Sous la force des lumières grises
Les roses noires
Des jours vides
Le néant
Au loin
Les chansons des rêves inassouvis
Douceurs évanouies
Si chaudes
Blessures vives

Pour un rire unique
Le combat contre le souffle des secondes
Egarées
Dans les forêts des douteuses années

Seul parmi soi
Une conscience sans écho
Erre
De peur en peur
Silencieuse déambulation
Vitalité en berne
Au bout d'une rue sans fenêtre
Sous le regard des yeux sans mots

Une peine
Griffure d'une existence
Fatiguée

Les comment d'une vitalité
Gaspillée
A longueur de larmes
Y voir
Jusqu'au bout des tout
Encore possibles
Impatience sinueuse
Pour une joie ultime
Ereintante
Là bas
Les narquois aux visages sans reliefs
Témoins d'une lassitude
Inexorable
Rient

La pluie d'une tristesse récurrente
Avec gentillesse
Mouille une carapace lourde
Et blessée

Un jamais inscrit dans des maux
Paraphe d'une tendresse
Sans âge
Un vent complice
Agace
Une mémoire en défaut
De vie

Sous un sourire déroutant
Les regrets
Sans frontières
Douleurs essentielles

Le ciel épuré d'une fraternité
Fracassée
Sur l'autel des hypocrisies
Avec faste

Sur les murs
Les sombres prophéties
Des malveillants

Evasion sans espoir
Fuite dérisoire
Les ailleurs sans nuits
Comme dernière demeure

Sous la perdition

La belle addition

Sans affection

Ultime défection

Pour une perdition

Sans répétition

Les chants des désillusions

Unique partition

# AU REVOIR

Au revoir les grisonnants matins
Fini l'opacité des routines
Sans reliefs

Au revoir les mots silencieux
Fini les yeux sans lumière
Sans brillant

Au revoir les pas pénibles
Fini les rames cercueils
Sous ordre

Au revoir la ville sans ciel
Fini les réveils horaires
Sans sens

Au revoir les soleils froids
Fini les ennuis
Sans cesse

Au revoir les heures sans espace
Fini l'hypnose des corvées
Sans issue

Au revoir les 35 heures fades
Fini la cantine immense
Sans saveur

Au revoir le dédain poison
Fini le chacun pour soi
Sans chaleur

Au revoir la désillusion permanente
Fini les vilenies faciles
Sans écho

Au revoir les mains moites
Fini la peur au ventre
Sans parole

Au revoir la haine égoïste
Fini les aigreurs vieilles
Sans cœur

Au revoir les lassitudes essentielles
Fini le mutisme aveugle
Sans courage

Au revoir la solitude matinale
Fini la surdité rassurante
Sans effort

Au revoir la foi sournoise
Fini le mensonge abject
Sans vergogne

Au revoir l'enfer sans diable
Fini les impasses sordides
Sans lendemain

Au revoir la musique insipide
Fini les mots sous codes-barres
Sans talent

Au revoir l'argent loi
Fini la compromission
Sans raison

Au revoir les autres
Fini les regards
Sans vie

Au revoir … au revoir … c'est fini … sans retour …

# L'AILLEURS

Crier
Si bas
Sans maux
Dans les peines du sourire

Hurler
Devant l'affolante
Anxiété

Crainte de la dérision
Colossale inquiétude
Aux cent fantômes

Dans l'impossible
Les mercis d'un destin
Eperdu

Au détour des pourquoi
Sous l'anesthésie
Des rires sans joie
L'ailleurs
Simplement

Embrouille profane
Egarement

Echappatoire probable
Sous les mépris
Habituels et faciles
Les brûlures
Des yeux en ennui
De la vie

Sur les mots endurcis
Des amants oublieux
L'habitude

Autour d'une table
Ring d'un défi
Inutile
Quatre envies

En suspend
La corde de l'injuste
Autour du cœur

Dehors
Les rues sans relief
Bruissent
Inexorablement
Indifférentes
Aux abymes individuels
Intérieur cachot
Aux murs d'art
Muets

L'introuvable
Chemin
Des réconforts simples
Dévoyés
Comme le trésor
D'un enfant
Aux mille visages

Des toujours artificiels
Mensongère opulence
D'un clan en déroute
A jamais

Au bout des chemins de mépris
La maison noire
Des existences usurpées
Polluante illusion
Comédie à l'eau de mort
L'enfant aux maux tenaces
Accroché aux seins imaginaires
D'une maman si loin

Chaque soir
Requiem d'une vie
Gaspillée
Evanouie dans le brouillard
D'une mémoire défaillante

Au détour des pourquoi
Sous l'anesthésie
Des rires sans joie
L'ailleurs
Simplement

# CROIRE

Ne rien dire.
Ne plus rien faire.
Retenir son souffle

Et voir la beauté.
Malgré tout

Respirer la vie
Au-delà des cris

Plonger dans le désir
Sans fin

S'évanouir dans les limbes
Jouissifs
S'épuiser jusqu'au bout de l'impossible

Comme un défi aveugle
Se brûler la voix
A crier l'improbable évasion

Courir au-delà de la réalité
S'arrêter au pied des rêves

Crouler sous la légèreté
D'un regard

Se caler
Avec finesse dans les bras d'un sommeil
Doux

S'accrocher au soleil
Se cacher dans le vent

Et mieux
Pleurer
Seul
Dépasser les toujours inamovibles
Cercueils
D'un quotidien sans fenêtre

Ouvrir la porte aux mirages

Se laisser envahir
Sans résister
Par les caresses de l'ailleurs

Rire
Encore et encore

Faire face
Avec tendresse
Aux mots empoisonnés

Croire à l'horizon
Si frais

Voyager sur le dos de la tendresse
A l'infini

Ecrire la liberté

A coups de baisers savoureux

Danser avec les songes des matins joyeux
Et enlacer
La tempête de l'imaginaire

Croire
Sans faille
Que tout
N'est pas fini

Vouloir
L'allégresse
Des caresses du monde

Dire
Sans fin
Que la grisaille
N'est qu'illusion

Croire

Et croire …

Sans entrave …

Croire …

Croire …

# PARTIR

Partir vers les là-bas
Sans ciel noir
Sourire aux yeux les plus beaux
Et vivre
Sans entrave

Partir avec un soleil dans les poches
Vibrer à la recherche de belles inconnues
Et dormir sans sommeil
Dans le désir

Partir jusqu'au bout d'un signe
Plonger au fond des tendresses aux mille couleurs

Croire à l'infini d'une route
Et jouir sans fin
Dans les soupirs du vent

Partir pour les lointains sans pays
Dévorer un rêve
Et suivre les pas des histoires secrètes

Sans crainte
Jouer avec le destin
Partir dans les recoins du silence

Sentir le vertige des errances intimes
Et sans cesse
S'évader dans la chaleur d'une rencontre
Imprévue

Partir sans s'enfuir
Ecrire sa vie sur les chemins sans cartes
Et suivre les poussières du temps
A en ressentir la douceur suave

Partir poursuivre l'écho du monde
En saisir le tremblement
Sans relâche

Comme un oiseau sans terre
Se laisser porter par un alizé énigmatique

Partir dans les couleurs de l'autre
Se fondre avec fougue dans la mélodie d'une tempête

Faire corps avec les océans
Légendaires

# CE SOIR

Ce soir-là
Au centre de mon monde
Tu chantais
La mélodie des possibles
Belle
Tu longeais une rivière histoire

Ce soir-là
Seul dans mes yeux
Tu étais un monde
Dans le silence de ton rire
J'entendais les mots invisibles

Ce soir-là
Eperdus de nous
On marche sur l'amour
Comme des clowns joyeux
On était ivres du vent

Ce soir-là
Il n'y avait plus de matin
Juste toi et moi
Dans nos pas
Une nonchalance étincelante

Ce soir-là
Toi et rien d'autre
Ton regard
Une pépite chaleureuse
Dans mon hiver solitaire

Ce soir-là
Je t'aimais
Tu me souriais
Je vivais de nouveau

Ce soir-là
Il est maintenant
Mes jours
Plus de temps
Rien que toi

Pour tous les soirs ... comme celui-là

# TON SILENCE MONDE

Tes yeux m'ont volé
La lumière
Ta beauté
Insolente et inexorable
Hante mes vides
Tes mots
Subversifs
Explosent ma tête

Je te vois
En silence
Mon cœur tremble
Ton absence
Hurlante
Me tenaille

De seconde en seconde
Ton rire me chante toi
Me chuchote
La tendresse inouïe

Dehors un soleil
Pourtant
Il fait noir

Une chaleur estivale
Pourtant un glacial printemps

Où es-tu
Si loin, si proche
Pourtant
Dans mes nuits
Dans mes jours
Dans mes yeux
Mes mains te cherchent
Mes larmes te chantent

Toi
Où es-tu
Eperdu de toi
Je dois me taire
Tout le temps
Avec toi
Avec les autres
Face au monde

Perdu dans un soupir
Le tien
Ne trouvant
Au bout du ciel
Que le silence
Ultime compagnon de mon errance

T'aimer
Sans mots
Sans vivre
Juste
Comme une idée
Ton manque
M'envahit
Me submerge

T'aimer
Au-delà du réel
Au-dessus du vrai
Juste à côté du beau

# UN PERE

Dans le brouillard des incertains quotidiens
Un homme erre
Sans horizon
Sans mots
Un jour
Dans un instant infini
Unique
Sous un ciel aux couleurs de vérité
Le souffle de la certitude qui naît

De question il devient réponse
Porter à bout de cœur
Les demain
Dans un petit corps
Sentir le monde

D'Ulysse errant
Il doit devenir César
Plus fort que le vent
Plus haut que le soleil
Plus loin que l'horizon

Avoir les mots justes
Sentir les moments forts
Voir dans les silences mille échos
Les peurs infantiles
Muettes et sublimes mélodies

Juste être là
Dans le flamboiement du désir
Tenir les petites mains quand elles tremblent
Récolter les chaudes larmes
Naviguer sur un océan inconnu
La vie

Aimer
Jusqu'au-delà de soi
Au-delà du monde
Par-delà les possibles
Découvrir l'univers des yeux qui cherchent
Qui pleurent

Et
Etre là
Sans cesse
Jour après nuit
Joies après peines
Hiver après été
Maladie après chagrin
Bêtises après fiertés

Exister dans un regard
N'être
Ni dieu
Ni diable
Simplement
Un sens
Une silhouette essentielle
La force du vrai
Le premier héros

Un homme devenu un autre
Une référence
Découvrant dans l'arc-en-ciel de l'enfance
L'humanité

Il vit alors les saisons du cœur
Le Printemps de la tendresse
L'Eté de la complicité
Un Automne d'autorité
Et l'Hiver de la compréhension

Toujours là
A côté
Acceptant l'inacceptable
Généreux d'amour
Avare de jugement
Simplement
Un être tendre

Dans ces yeux
L'éclat de quatre lettres
PAPA

# UNE RUE

Au milieu des riens
Comme une clarté
Un regard

Là-bas le silence
Des autres sans yeux
Un oubli

Juste par jeu
Un désir s'invite
Lumineux

Dans une nuit muette
Une simple danse
Sous la lune

Frôlements sensuels
Sous une pluie de caresses
Un plaisir

Mystère d'une étreinte
Sueur et râle
Une photo rare

Saveur d'un sexe en liberté

L'autre et le monde
Un défi

Le tambourin voluptueux en errance
Sous les gémissements
Une joie monde

Dans les soupirs du vent
Les mots du hasard
Chantent l'embrassade
Un trottoir gris
Quatre pas qui ne font qu'un
Deux frissons inouïs

Elle et lui
Toi et moi
Nous et nous

Derrière les heures
Sous les minutes
L'invisible tourment

Ivresse des illusions exaltées
Certitude des yeux ébahis
S'aimer au-delà de la patience

Voire aussi loin que le monde
Croire aussi fort que les rêves
Ivresse du soir mélancolique

Nonchalance immuable

Au bout de cette parcelle du ciel
La frontière de tous les possibles
La beauté du désir

Une rue
Une seconde
Une rencontre

# LES BLANCHES GAITES

Le long des parois immuables
La blancheur des songes
Embellit les grisailles
Vitales

Dans les bruissements d'un tremblement
L'allégresse enfantine
Chante les hymnes
Essentiels

Sous un soleil complice
Les sourires d'or
Enflamment les silences
Habituels

La montagne hermétique
S'ouvre aux rires étincelants
Des marmots sans âge
Insouciants

Simplicité d'un corps en équilibre
Glissade infinie
Rapidité
Rigolade

Amitié au zénith d'une nature
Sauvagement sublime
Belle et envoûtante
Grandiose

Altitude revigorante
Pour des souffles citadins
Pollués à outrance
Saturés

Plaisir aux bouts des pieds
Sur les pentes capricieuses
A l'éblouissement si chaud
Permanent

Au loin les nuages noirs
Des soucis mensongers
Comateux délires des vies
Si vides
Livides

S'endormir sous les caresses de Phébus
Allongé sur la peau d'une terre généreuse
Rêver aux libertés encore inexistantes
Inessentielles déambulations
Seul

Yeux fermés
Peau docile
Cœur au repos
Et sexe en attente …… d'une si blanche gaieté

# UN TEMPS DE TROP

Silencieux matins
Drames muets
Couloirs froids des maisons closes
Désirs inassouvis
Symphonie détraquée
Orchestre en déchéance
Représentation annulée

Temps de trop
Parole perdue
Sommet incertain
Montagne mensongère

Clowneries d'un jardinier épuisé
Déambulation comique
Frayeur garantie pour un sourire fané

Litanie vertigineuse
Ritournelle insidieuse d'un crooner mafieux
Dérisoire tendresse d'un enfant
Aveuglement égocentrique d'un égaré de père
Rivière asséchée
Mégalopole de sentiments pourris
Effarements
Etonnements éclatants

Avenir sans frontière
Avenue embellie
Sous les lumières
La misère
Solitaire tristesse des aubes grinçantes
Alcooliques crépuscules des émois en dérive
Pleurs sur scène
Croyance sous tension

Sous les plages des existences gaspillées
Les mines anti-désespoir
Explosent les jardins d'or
Rubis en pluie
Chutes étincelantes d'un cœur éreinté

Règle des jeux virtuels
Obéissance douteuse
Mourir à petits instants
S'évaporer sans coup férir
Silence des opportuns
Funérailles artificielles des arrogances
Doléance implacable des exigences
Mansuétude minimaliste
Tranquillisants sous perfusion
Dépression contrôlée

Cercles obsessionnels
Psychédélisme des farandoles souillées
Photos sans légendes
Méconnaissance des jours insouciants
Sous les ponts des espérances
S'écoulent les fleuves des ignorances
Toujours dans les mêmes sens
Uniques et interdits
Hagiographie d'une passionnelle effusion
Sexualité en déliquescence
Sensualité télévisuelle

Temps de trop
Parole perdue
Sommet incertain
Montagne mensongère

Cuisinière de l'enfer
Gastronomie démesurée
Restauration effrénée d'une vie sans freins
Dîner aux chandelles pour les époux sans destin
Champagne mortifère des amants cambrioleurs
Liqueur des trépas aux reflets d'eau de vie

Soleils couchants
Sépulcres invisibles
Béatitude en finitude
Finalité terminale

Temps de trop
Parole perdue
Sommet incertain
Montagne mensongère ......... Montagne mensongère .......

# EXISTENCE

Si loin déjà
Les bruits doux
Et les silences tendres
Oiseaux de tendresse
Dans le ciel de la jeunesse

Là-bas
A l'horizon
Du passé si calme
Les images chaudes
Qui chantent en berceuse
Le temps qui passe

Trésor d'une île
Si vite disparue
Engloutie à jamais
Sous l'océan de l'âge

L'enfant serein
Aux yeux câlins
Devenu
Un adulte tremblant
Devant le vent de la vie
Si froid

Les soirs aux éclats immobiles
Comme des fruits
Au goût inoubliable
Saveurs d'une maman si proche
A la voix unique

La mélodie des hier
Volée
Disparus si vite
Les bras d'un papa si fort
Héros des nuits agitées

Devant la pierre si froide
L'homme
Seul
Agrippé à la terre
Au fond de lui
La maison près du bonheur

Les rires sans faim
Des frères et sœurs
Sous le soleil du cœur
Du pays de la tendresse

Les sillons des peurs
Paraphes des grands
Dessinent sur son visage
Les routes agitées
D'une existence

Sous la carapace
La fragilité inconsolable
D'un petit garçon
Blotti dans ses rêves
Inachevés
Il pleure
Un père maintenant mort

Le visage fouetté
Par les caresses des regrets
Debout devant la finitude des choses
Sur ses joues
Les dernières perles d'or
Ultimes cris de l'enfance

# BEATITUDE

La réalité vertigineuse
Dresse ses grises falaises
Face aux rêves
Chalands fragiles
Faibles

Le vent des ennuis
Étreint doucettement
Les peaux ridées
Des existences volées
Gaspillées

Extase infime
Béatitude

Requêtes immuables
Perdre l'inconnue des matins clairs
Se retrouver devant les riens
Petitesse

Compagne abandonnée
Chavirage des birèmes essentielles
Sur les rives inaccessibles
De l'amitié brute

Chants aux mots suaves
Cigares à la lèvre abondante
Grivoise surenchère
Sous les étreintes torrides

Fulgurances éblouissantes
Une bourrasque en outrance
Soudaineté des rires du monde
Pour un esprit désabusé
En esclavage

Extase infime
Béatitude

Quitter à jamais les asiles du chagrin
S'évader vers les horizons proches
Des folies libératrices
Sourire au vent des largesses inutiles
Soupirs

L'acidité d'une relation envasée
Dans la boue nauséabonde des habitudes
Carcérale villégiature
Liberticide banalité des émotions codifiées
Platitudes

Éructer dans le silence des politesses polluées
Pour déchirer les voiles des fausses virginités
Révolte vaine
Dernier volte-face d'un naufragé épuisé
Frénétique

Les cadeaux d'un dieu en vacances
Satyre universel d'une humanité conquise
Moralité providentielle
Acuités mortelles de l'argent-alibi
Voluptueusement

Extase infirme
Béatitude

Voyage aux frontières de la vénalité
Pays chimérique des sanglotant impétueux
Régence anéantissant
Insultante chanson des troubadours du gain
Richissimes

La prochaine défaite de l'autre
Victoire sans lendemain
Sanglante éraflure
Déchéance atomique
Lacrymale

Histoires effacées
Lassitude
Evanouissement des beautés inimitables
Dernier souffle
Ame perdue

Dieu égocentrique
Espoir ringard
Les nuits trop longues
Des existences puantes
Souffrance
Inutile douleur

Extase infirme
Béatitude

Circulaire dépendance
Linéaire empêchement
Murmures incessants
Minutes latentes
Mouroirs

Ultime note d'un requiem inachevable
Chorégraphie désordonnée d'un danseur fatigué
Pitoyable résistance
Vertigineuse
Déboussolée

Ivrogne en déchéance continuelle
Roses fanées de l'attachement unique
Offertes sur l'autel des déboires
Poison
Décennie de trop

Écœurante courtoisie
Convenance hypocrite d'une éthique de supermarché
Insupportable conduite
Intolérance
Surenchère dans la conformité

Extase infirme
Béatitude

Défiance vertigineuse
Ultimatum permanent de la prévention
Vivre en cachette
Survivre en silence
Méfiance dans les rires trop forts

Soubresauts existentiels
Derniers recours avant le néant sans relief
Exister sans risquer
Pouvoir ne rien dire
Ne plus rien vouloir

Les nuages gris de l'épuisement
Charognes des trépas prématurés
Veillent
Matons sadiques d'une prudence excessive
Trop de trop

Cauchemardesque réveil
Pour les amants naïfs d'hier
La mort des soleils du cœur
Comme le crépuscule des possibles impossibles

Extase infirme
Béatitude
Frontières fermées des songes
Rester prudent
Béatitude malsaine
Handicapée
Victoire pour les frileux
Dommage

Océans de rage
Ruines des passions inavouables
Garder son émoi dans ses yeux
Perdre l'envie
S'égarer dans les prisons si douces

Dommage ……

Dommage …… dommage ……

# COLERE

L'homme au souffle court
Transpire le chagrin filial
Peine lourde
Père en déroute
L'autre a l'alcool facile
Pue la tristesse immense
Larmes géantes
Fils en impuissance

Colère des mots
Galère des maux
Intégral affrontement

La chasse aux inutiles fracas
S'ouvre dans l'hiver des non-dits
Pour ceux qui s'oublient
Dans la couche des errements essentiels
Explosions en chaîne
Implosion en silence
Emballement inaltérable
Etouffement des sentiments simples

Colère des mots
Galère des maux
Intégral affrontement

Demain interdits
Damnation préméditée
Les échos fusionnels des ruptures
Résonnent dans les grottes intimes
De deux insouciances déchirées
Les falaises des compromis improbables
Insurmontables montagnes
Alpinistes en déroutes

Désenchantement réciproque
Ignominie partagée
Effusion gratuite de deux cris sans voix
Eraflure intime d'un papa perdu
Egarement douloureux d'un fils esseulé

Colère des mots
Galère des maux
Intégral affrontement

Histoire des rancunes tenaces
Maladifs silences
Pudeurs sans saveurs
Obligation de se proscrire
Devoir de ne pas fléchir
Souffrance en demeure de vivre
Fierté ambiguë
Identité flouée
Aimer à en perdre sa voix
Colère des mots
Galère des maux
Intégral affrontement

Théâtre aux mirages
Chorégraphie douloureuse
Muette poésie d'une affection perdue
Ciel en tempête
Paternel affaiblissement

Filial mépris
Détérioration fulgurante
Déracinement cruel

Colère des mots
Galère des maux
Intégral affrontement

Tremblements effarés
Deux regards en fuite
Quatre yeux en orage
Les pourquoi en évasion
D'un craquement si éminent
Elagage des incompréhensions vitales

Inquiétude sidérée pour deux tendres fous
Surtension des artères sanguines
Etrangeté d'une querelle impensable
Désordre incompréhensible
Des vies en menace
Les bouches qui se mentent
Les cœurs qui saignent

Colère des mots
Galère des maux
Intégral affrontement

Les discordes sans fond
Empoissent les douceurs familiales
Dans la passion des gaietés d'hier
Le souffle des regrets d'aujourd'hui
Grève des sincérités indispensables
Victoire des ambitions malsaines

Dans la moustache ancestrale
La noirceur des menaces définitives
Sous les cernes d'une vieillesse en approche
L'appel de détresse permanent
D'un géniteur exigeant
Face aux narquoises ironies
D'un fils indomptable
Aux humeurs érectiles

Père

Fils

Ambition contre élan

Envies contre principes

Inflexibles et enragés

# SANS ECHO

A chaque soupir les papillons de l'ennui
Dansent sur l'ombre des jours
Lucioles des désillusions éreintantes
Ils dessinent l'horizon sans soleil
D'un vieux en devenir
Sans rire

Sans mots
Les larges élévations d'un insomniaque grossier
Sous la charge d'une fausseté
Il ne cherche plus
A longueur de nuit vides et glacées
Tremblant
Sans voix

Sans chaleur
L'aigreur des mensonges étourdissants
Sur la table des joies volées
Des images sans visages
Il ne voit plus
Les pupilles brulées par une larme
Hésitant
Sans ciel

Sans fin
Une vertigineuse aspiration vers personne
De mots en noms
Il se perd
Les yeux épuisés de ne plus regarder
Aveuglement
Sans peine
Sans monde
Le vent du désert d'un cœur gris
Sous hypnose alcoolique
Il se tait
Les mains menottées à un hier acide
Irrémédiablement
Sans choix
Sans bruit
Des jours perdus dans un silence sans lieux
Surdité inexorable
Intime face à face avec la peur
Inévitablement
Il se courbe
Sans force

Sans bruit

Une chanson obsédante, litanie des engouements ratés
A l'aune d'un être égaré dans les nuits d'une existence
En déliquescences vertigineuses.

Sans lieu

Le regard plombé dans les vestiges d'une trop longue apathie
Un corps menotté à la fuite d'une tendresse gaspillée
Par la faim d'un gamin aveuglé par l'évasion
A tout prix.

Sans loi

Esseulé dans un labyrinthique exil, au pays des choix acides
Marchant sans rythme vers une exactitude certaine
Il titube sur les traces du bonheur inassouvi
A jamais oublié dans le train d'une passion asséchée
Par habitude.

Sans envie ….

Muet jusqu'au bout des yeux et des autres,
Comme paralysé des sentiments essentiels
Tremblant de solitude devant l'effroyable gâchis de ses élans
Il se cogne sans cesse sur les montagnes invisibles de la compromission
facile
Ivrogne de maux incurablement intimes, il se cache
Pour fuir
Sans fin ….

Sans rien

Juste égaré dans l'ennui du temps

Aveuglé par le regard des autres
Epuisement ultime

Inexorable lassitude

Quotidiennement

Il pleure

Sans écho

Sans écho

Sans écho

# DANSER

Danser sur les mots des jours
S'enlacer sans bornes
Et rire jusqu'au bout d'un corps

Danser avec les vents de l'Olympe
S'évader de la vie
Et courir après les nuages

Danser pour dessiner une convoitise
S'essouffler jusqu'au bout de la loyauté
Et s'évanouir dans un soupir

Danser
Danser et aimer

Danser sous les rythmes de l'autre
S'affronter par jeu
Et jouir sans carcan
Danser par défi
Comme un combat sans réplique
Et croire sans faiblesse
Danser avec la mort
Chercher les sens
Et vouloir être un verbe

Danser
Danser et boire

Danser sur le silence du matin
S'éparpiller sans retenue
Au quatre coins du désir

Danser contre le temps
Ivre de jouissance
Dessiner une naissance

Danser dans le lointain
Etre sans lieu
Comme un faux dieu
Danser
Danser et imaginer

Danser toutes les larmes du soir
Ecrire un baiser
Et vivre l'impensable

Danser l'irrespectueux
Comme un bonjour hypocrite
Partir seul

Danser la main dans le cœur
Voler de joie en fleur
Savourer les impossibles

Danser
Danser et disparaître

Danser en enfance
Sans grandir
Dépasser les âges
Danser une beauté incroyable
Peindre un instant

Avec étonnement

Danser la fin du moment
Suivre les pas sans traces
Et tomber délicatement
Danser
Danser et oublier

Danser simplement danser
Danser justement danser

Danser immuablement ............ danser
danser suavement ......... danser.

Vertigineux.

Absurde sensation devant cette chose surprenante, étonnante, souvent éreintante, parfois joyeuse, voire merveilleuse et d'autre fois pesante, abracadabrantesque d'illusion trompeuse : la vie.
Se lever ou pas, aimer ou détester, voler ou travailler, détruire ou bâtir, jouer ou tricher, faire ou ne pas faire, courir ou marcher, crever ou survivre, résister ou collaborer, hurler ou se taire, subir ou agir.
Vertigineux.

Non-sens ou contre-sens, interdire ou autoriser, bafouer ou se résigner, pleurer ou rire, seul ou accompagné, égoïste ou altruiste, con ou intelligent, mais toujours si humainement hésitant.
Vertigineux.

Désirer ou mépriser, créer ou copier, adoucir ou violenter, ivre ou sobre, lucide ou mytho, confiant ou méfiant, innocent ou coupable, mort ou vivant, debout ou assis, là-bas ou ici, choisir ou endurer, attendre ou foncer.
Vertigineux.

Ecrire ou lire, regarder ou réaliser, acheter ou vendre, réparer ou casser, mentir ou avouer, peindre ou collectionner, trahir ou être fidèle, gagner ou perdre, écouter ou chanter, errer ou se cacher, prier ou profaner, mais toujours cette condition pesante et finie, cette humaine petitesse avec sa finitude inconditionnelle.

Vertigineux.

# MATIN SANS NUIT

Sans liens
Avec les yeux humides
Sous les riens
Les esseulés timides

Sang gris
Pour les cœurs fragiles
Soir si long
Pour un couple ébranlé

Peur sans fin
Dans les silences hurlants
Effroi intime
Sur les mots blessants

Canapé froid
Sans la chaleur vitale
Réveil muet
Dans un matin hivernal

Dettes cruelles
Des maux inessentiels
Sous les larmes glaciales
Les blessures dérisoires

Petitesse insoluble

Energie gaspillée
Dans des amers défis
Les chemins stériles

Bataille des mauvais jours
Orgueil malsain
La passion en otage des impôts
Eclats sous l'émoi

Hier l'azur du bonheur
Sous les sourires les joies inaltérables
Ce matin la noirceur du mépris
Sur les lèvres les rapières du fiel

Sous l'éclat
D'une tendresse apparence
L'ignominie d'une grisaille
Monde

# NON

Les yeux mi-clos
La peau en vacances
Dans le soleil de la pénurie
Le repos des amertumes

Sous la pluie fine
La lenteur d'une aventure
Tempête soudaine
Un cœur en délicatesse

Les paumes ouvertes
Un corps en abandon
Sur la rancune des regards
Les mille évasions ratées

Un imprévu désir
Comme le firmament d'un déclin
Chatoyant éclair
Pour un ultime parfum

Une sensuelle écume
Un soleil voluptueux
Sous un mutisme complice
Une fusionnelle appétence

Un taciturne ressac

D'une mer en délaissement
Des pas sans cœur
Une fatalité

Une incertitude
Un engouement sans ornement
Le goût du vivre
Sous la force d'un baiser
Etreinte
Rayonnante

Deux chairs
Un mot
Pour le temps d'un enlacement
La brulure du vrai
Seuls
Beaux

Une aube
Un jour sans monde
Dans un regard en repos
Le visage
Un sourire sans temps

Table des matières

| | |
|---|---|
| La solitude | p7 |
| Le bistrot des hier | p11 |
| Deux hommes | p13 |
| La magie | p17 |
| Le souffle des coeurs vides | p19 |
| Une femme | p21 |
| Mensonge | p23 |
| Attendre | p25 |
| Eclat | p28 |
| Il faut déjà | p30 |
| La vie | p32 |
| Le rêve d'un songeur assis sur une marche | p34 |
| Les ésseulés | p36 |
| Le bruit d'une montre cassée | p38 |
| Tes mots | p40 |
| Une saison | p43 |
| Le soir | p45 |
| Perdition | p49 |
| Au revoir | p53 |
| L'ailleurs | p56 |
| Croire | p59 |
| Partir | p62 |
| Ce soir | p64 |
| Ton silence monde | p66 |
| Un père | p69 |
| Une rue | p72 |
| Les blanches gaîtés | p75 |
| Un temps de trop | p77 |
| Existence | p80 |
| Béatitude | p83 |
| Colère | p88 |
| Sans écho | p92 |
| Danser | p95 |
| Matin sans nuit | p99 |
| Non | p101 |

Découvrez «**ALGERIE, VOYAGE INTERIEUR**»,
un livre de **Karim Aït-Adjedjou**

## Algerie
### Voyage intérieur

Karim Hardy-Aït-Adjedjou

« **Algérie, mon amour** » est une déambulation poétique dans le drame d'un pays en errance. Des photos prises aux hasards dans les rues et les routes d'Algérie accompagnent des mots évoquant les différents aspects des difficultés d'un pays en plein trouble.

Un livre écrit par **Karim Aït-Adjedjou**
Maquette : **Romain Lisetto**
Éditeur : **BoD-Books on Demand**,
12/14 rond point des Champs Élysées, 75008 Paris, France
Dépôt légal : Octobre 2014

Impression : BoD-Books on Demand, Norderstedt, Allemagne
ISBN : 978-2-322-03847-3